Walther Ziegler

Adorno
en 60 minutes

traduit par
Stéphane Vézina

Merci à Rudolf Aichner pour son infatigable travail de rédaction critique, à Silke Ruthenberg pour la finesse de son graphisme, à Angela Schumitz, Lydia Pointvogl, Eva Amberger, Christiane Hüttner, Dr. Martin Engler pour leur relecture attentive, et à Eleonore Presler, docteur en philosophie, qui a effectué une dernière relecture linguistique et scientifique du texte français. Je remercie aussi monsieur le Professeur Guntram Knapp à qui je dois ma passion pour la philosophie.

Je tiens à remercier tout particulièrement mon traducteur

Stéphane Vézina

Aucune histoire universelle ne conduit du sauvage à l'humanité civilisée, mais il y en a très probablement une qui conduit de la fronde à la bombe atomique. Elle se termine par la menace totale que fait peser l'humanité organisée sur les hommes organisés [...].¹

Informations bibliographiques de la Bibliothèque nationale de France :
Cette publication est référencée dans la bibliographie nationale de la Bibliothèque nationale de France.
Les informations bibliographiques détaillées sont disponibles sur internet : www.bnf.fr
© 2022 Dr. Walther Ziegler

Première édition janvier 2019
Conception graphique du contenu et de la couverture: Silke Ruthenberg avec des illustrations de:
Raphael Bräsecke, Creactive - Atelier de publicité, bande dessinée & d'illustrations (dessins)
© JackF - Fotolia.com (cadres)
© Valerie Potapova - Fotolia.com (cadres)
© Svetlana Gryankina - Fotolia.com (bulles entourant les citations)
Édition : BoD – Books on Demand, info@bod.fr
Impression : BoD – Books on Demand, In de Tarpen 42, Norderstedt (Allemagne)
Impression à la demande

ISBN 978-2-3224-6169-1
Dépôt légal : Décembre 2022

Table des matières

La grande découverte d'Adorno — 7

La pensée centrale d'Adorno — 19

    La dialectique de la raison — 19

    L'auto-répression par la raison à l'exemple d'Ulysse — 28

    La philosophie du Marquis de Sade comme résultat des Lumières — 31

    L'appropriation de l'individu par l'industrie culturelle — 37

    La dialectique négative – Venir à bout du langage et se libérer de la dictature du concept — 40

À quoi nous sert la découverte d'Adorno aujourd'hui ? — 52

    La vérité au-delà de tous les mots – User de concepts pour déjouer les concepts ? — 52

    Raison et science mènent-elles en vérité au totalitarisme ? — 60

    Le tout n'est pas falsifiable – Critique de Popper et du positivisme par Adorno — 64

    Une vraie vie dans un monde qui ne l'est pas ? — 70

    La force de la pensée négative – Négation qui ne se transforme pas en position ! — 76

Index des citations — 82

La grande découverte d'Adorno

Aujourd'hui encore, Theodor W. Adorno (1903 – 1969) figure parmi les penseurs les plus fascinants et les plus cérébraux de l'histoire de la philosophie. Déjà de son vivant, il exerçait une profonde emprise sur la jeune génération des étudiants et sur le climat intellectuel de la naissante République fédérale allemande. Entre 1959 et 1969, il multipliait les allocutions à la radio et à la télévision comme nul autre intellectuel allemand.

Comme Sartre en France, Adorno était considéré comme le chef de file charismatique de la jeunesse étudiante et de toutes les forces politiques de gauche en Allemagne. Et tout comme Sartre, de petite taille, quelque peu trapu, arborant d'épaisses lunettes en écaille, il collectionnait les aventures avec des femmes séduisantes. Ses cours étaient bondés d'étudiants venus de très loin, des États-Unis et de nombreux pays européens – et ce même si très peu d'entre eux pouvaient se targuer après-coup d'avoir tout compris. À ce jour encore, les subtilités abstruses du professeur au crâne chauve mettent son lecteur à rude épreuve, particulièrement dans son ouvrage tardif, fort abstrait, intitulé *Dialectique négative*.

Par sa critique du système capitaliste, Adorno a insufflé en Europe la révolte de 1968. Il a indubitablement remué le terreau culturel qui a nourri les troubles de cette année, même si, mal à l'aise avec ce qu'il avait mis en branle, il s'est refusé à prendre la tête du mouvement de protestation, au grand désappointement de ses adeptes.

La société capitaliste moderne fait totalement fausse route : telle est la pensée centrale d'Adorno, aussi déconcertante que provocante. Bien sûr, comme jamais auparavant, chacun peut jouir des bienfaits de la mobilité, de la technologie, de la médecine et de la prospérité, mais par cela même, chacun se dépossède de ce qui rend la vie belle, du sens de la nature et de sa nature, et se retrouve finalement incapable d'aimer :

Aujourd'hui, tout homme sans exception se sent trop peu aimé, parce que chacun est insuffisamment capable d'amour.[2]

L'homme moderne s'est dessaisi de sa capacité d'aimer par répercussion immédiate de la société marchande de consommation. En effet, comme tout a son prix dans la société de l'échange, l'homme devient calculateur et calculable. Chaque marchandise, y compris la propre force de travail, est portée et vendue au marché en échange d'argent, et les relations affectives se chosifient. Dans une société où rien ne se fait sans contrepartie, l'empathie naturelle envers le sort des autres s'estompe petit à petit. À chacun son combat en solitaire : le Je, société anonyme, symbole de la modernité.

Non seulement l'économie de marché assigne un prix à toute chose en fonction uniquement de l'offre et de la demande, mais elle engendre en outre des besoins factices et toujours insatiables chez le consommateur, lequel voue aux biens de consommation, transfigurés en objets fétiches, une dévotion quasi-religieuse.

Par exemple, l'automobile est loin d'être un simple moyen de transport. Nombreux sont ceux qui s'identifient à cet objet inerte et en tirent leur valeur en tant qu'être humain. Le capitalisme assujettit ainsi les individus et déforme leur caractère, ce qui amène Adorno à conclure de façon radicale :

Le tout est le non-vrai.[3]

Ce geste de soupçon généralisé a fait d'Adorno le représentant le plus éminent de la « Théorie critique », qui s'est donnée pour mission d'analyser et de critiquer la société capitaliste dans son intégralité. Les représentants de cette école de pensée ayant tous enseigné à l'Université de Francfort dans les années 1950 et 1960 au sein du légendaire *Institut für Sozialforschung*, l'Institut de recherche sociale, on les regroupe communément sous l'appellation « École de Francfort ».

En plus d'Adorno, l'« École » regroupe des penseurs bien connus tels que Max Horkheimer, Herbert Marcuse et le psychanalyste Erich Fromm. Avec la plus grande fermeté, ils ont tous décrié les structures sclérosées de la jeune République fédérale. Ils se réclamaient certes de Marx et se qualifiaient eux-mêmes de matérialistes, mais en regard du règne de terreur de Staline et du consumérisme croissant des ouvriers, ils jugeaient irréaliste de croire en une révolution mondiale communiste. Aussi, au lieu de prêcher l'inévitabilité théorique de la révolution et le prochain avènement d'une société sans classes, ont-ils prôné l'exigence d'une critique permanente de la société. D'où la désignation de « Théorie critique ».

C'est déjà pendant son exil aux États-Unis dans les années 1940 qu'Adorno a composé l'œuvre principale de la Théorie critique, la célèbre *Dialectique de la raison*, de concert avec son ami Horkheimer qu'il connaissait depuis ses études. En plus d'Adorno et de Horkheimer, Marcuse et Fromm ont également dû fuir aux États-Unis sous le national-socialisme en raison de leurs origines juives. Rédigée dans ce pays, la *Dialectique de la raison* demeure jusqu'à nos jours l'un des classiques les plus importants de la sociologie et de la philosophie sociale.

Dès sa publication, ce livre a fait sensation, car il introduisait une première en son genre, une critique de la Critique par excellence dans l'histoire de la pensée. En effet, œuvre de géants de l'esprit comme Rousseau, Voltaire, Diderot, Kant, Hume, Locke et nombre d'autres penseurs, la pensée des Lumières incarne elle-même l'esprit critique – critique du système féodal, critique du droit divin des rois, critique de la religion et la superstition. Ces penseurs entendaient libérer les hommes une fois pour toutes des contraintes irrationnelles et traditionnelles héritées du Moyen Age. « Qui devrait gouverner le peuple, sinon le peuple lui-même » revendique un de leurs slogans progressistes. Les Lumières se définissaient ainsi elles-mêmes comme la grande époque de la critique.

Adorno et Horkheimer sont revenus de leur exil avec dans leurs bagages « le grand soupçon ». Dans son intégralité, le mouvement d'émancipation critique des Lumières n'a pas apporté à l'Europe qu'un nouvel essor, loin de là ; il l'a également entraînée dans une évolution désastreuse et doit de ce fait lui-même faire l'objet d'une critique acerbe. Indéniablement, l'époque des Lumières a connu des progrès dans le domaine politique, scientifique et technique, mais toutes ces améliorations masquent, somme toute, un revers de médaille catastrophique. La toute première phrase de la *Dialectique de la raison* donne le ton :

De tout temps, l'Aufklärung[4], au sens le plus large de pensée en progrès, a eu pour but de libérer les hommes de

La grande découverte d'Adorno

la peur et de les rendre souverains. Mais la terre, entièrement « éclairée », resplendit sous le signe des calamités triomphant partout.[5]

À l'origine, les Lumières poursuivaient l'objectif progressiste de libérer les hommes de la peur suscitée par la nature, les animaux sauvages, les mauvaises récoltes, la superstition, le Jugement dernier, l'Apocalypse, le Diable et autres angoisses irrationnelles. Les « Lumières », ou l'*Enlightenment*, comme on désigne cette époque en France et en Angleterre, entendaient tout éclairer, illuminer, et substituer à la croyance irrationnelle aux puissances supérieures, prétendues maîtresses de notre destin, la lumière de la raison et de la science.

C'est ainsi que, pendant des siècles, les agriculteurs scrutaient le ciel avec anxiété, offraient des sacrifices au Dieu du tonnerre pour, grâce à ce rite, s'attirer ses bonnes grâces. De nos jours, un avion antigrêle prend son envol et pulvérise un produit chimique dans les nuages d'orage. À notre époque éclairée, la nature ne se montre plus omnipotente et menaçante, mais soumise en tout point à notre maîtrise et domination au moyen de moissonneuses-batteuses, de fongicides, pesticides et méthodes d'élevage industriel à la fine pointe de la technologie. Ce qui n'empêche pas, observe Adorno, que la terre resplendit « sous le signe des calamités triomphant partout ». Rançon à payer pour la maîtrise absolue de la nature :

Les hommes paient l'accroissement de leur pouvoir en devenant étrangers à ce sur quoi ils l'exercent.[6]

De plus en plus, l'homme contrôle le monde et sa vie en société à l'aide de machines et d'institutions communes ultramodernes, mais de plus en plus il s'éloigne de la nature et de sa nature. Adorno dresse en somme un sombre diagnostic de notre civilisation – sans doute le diagnostic le plus sombre qui ait jamais été dressé : la science débridée et l'administration omniprésente nous ont en effet rendus maîtres de la nature, mais nous ont en même temps faits esclaves de nous-mêmes, victimes, marionnettes de la société de masse que nous avons créée.

Notre vie se consomme en mirages. Bien sûr, nous vivons encore sous l'impression que notre vie est bien réelle au quotidien. Nous croyons vivre dans un monde concret avec tous ses problèmes, ses soucis et ses beaux côtés. Mais en réalité, nous nous démenons dans un univers de chimères ou, comme le dit Adorno, dans un seul « contexte d'aveuglement » généralisé. Et ce à tel point que nous nous dissolvons dans la masse, au grand dam de notre individualité :

Chez beaucoup de gens, c'est déjà une audace insolente de dire *Je*.[7]

Nous nous muons en êtres unidimensionnels et convoitons uniquement les biens que l'industrie de consommation nous fait miroiter comme appâts.

Un tel soupçon de manipulation n'a en fait rien de nouveau. Il y a deux mille cinq cents ans déjà, le philosophe grec Platon entendait illustrer par sa célèbre allégorie de la caverne le fait que, manipulés inconsciemment, les hommes passent leur vie entière dans une espèce de grotte, sans être en mesure de percevoir le monde réel à l'extérieur – et, en son lieu, ils entretiennent l'illusion que les ombres projetées sur le mur de la grotte sont réelles.

Mais Adorno va encore plus loin. Dans l'allégorie de la caverne de Platon, les prisonniers nourrissent l'espoir de se hisser jusqu'à la lumière et d'accéder au monde réel, or Adorno les condamne à la captivité. Alors que Platon nous incite à tourner notre œil intérieur vers la vérité à la recherche d'une vie riche et authentique, Adorno pousse le pessimisme jusqu'au bout. Il ne nous est plus possible de nous évader de la grotte puisque nous sommes réduits à l'état de pièces imbriquées dans l'engrenage du monde capitaliste :

> Il est désormais impossible de prendre une position hors de l'engrenage à partir de laquelle on pourrait appeler le spectre par son nom.[8]

Et même si nous éprouvons un malaise diffus et ressentons que quelque chose ne va pas, que quelque chose cloche dans notre vie, nous ne sommes guère en mesure d'y remédier. Car comme nous le dit Adorno :

Il n'y a pas de vraie vie dans un monde qui ne l'est pas.[9]

Souvent citée, cette phrase célèbre capte le sentiment d'incertitude et d'incohérence qui habite l'homme moderne jusqu'à ce jour. Dans la civilisation occidentale, nous jouissons d'une part comme jamais auparavant des bienfaits de la médecine et de la technique, des biens de consommation et des spectacles médiatiques que nous offre le capitalisme, mais nous pressentons d'autre part que nous nous enlisons dans ce monde, devenus esclaves de nos propres besoins et de ceux des autres. Nous ressentons un profond désir de nous dérober à la surstimulation des sens mais, trop enfouis dans la vie factice, nous ne réussissons plus à vivre une vraie vie. Par exemple, nombreux sont ceux qui ne peuvent plus se passer d'un téléviseur leur offrant soir après soir dans leur salon un monde divertissant et excitant, mais frelaté.

Par sa critique fondamentale du mode de vie moderne, et même ses détracteurs en conviennent, Adorno a mis le doigt sur quelque chose d'essentiel qui, à ce jour, n'a rien perdu de son actualité. Menons-nous réellement une vie factice ? Sommes-nous tous contrôlés de l'extérieur ? Et si oui, comment Adorno s'en est-il avisé ? Le projet des Lumières de libérer l'humanité de la superstition par la raison et la science s'est-il inversé en son contraire ? La Théorie critique a-t-elle raison ? La science calculatrice risque-t-elle de basculer dans un nouveau barbarisme ? Adorno nous donne des réponses fort singulières et captivantes.

La pensée centrale d'Adorno

La dialectique de la raison

Nul doute, la pensée centrale d'Adorno s'est nourrie de son expérience du fascisme et de l'Holocauste. De retour dans l'Allemagne dévastée de l'après-guerre, deux grandes questions le tourmentaient. D'abord, comment éviter que se reproduisent Auschwitz et le fascisme ?

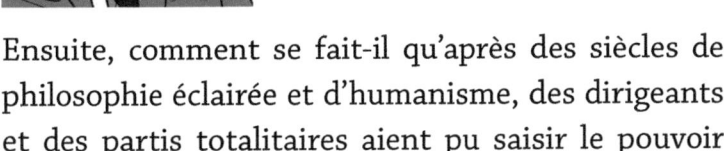

Exiger que Auschwitz ne se reproduise plus est l'exigence première de toute éducation. Elle prend à ce point le pas sur toute autre que je ne crois en rien avoir à la justifier.[10]

Ensuite, comment se fait-il qu'après des siècles de philosophie éclairée et d'humanisme, des dirigeants et des partis totalitaires aient pu saisir le pouvoir dans trois pays européens – en Espagne, en Italie, en Allemagne ?

Déjà pendant son exil, Adorno avait entamé des recherches socio-psychologiques qu'il a poursuivies en Allemagne et publiées sous le titre de *Études sur le caractère autoritaire*. Leurs résultats donnent à réfléchir : il ressort de l'analyse des entrevues que deux tiers des Allemands se méfient toujours de la démocratie, même après avoir vécu le national-socialisme. La moitié décline même toute complicité dans les atrocités commises par le Troisième Reich. Qui plus est : en majorité, les réponses des personnes interrogées laissent percer une tendance inquiétante à l'obéissance aveugle envers l'autorité.

Adorno n'attachait cependant pas une grande importance à ces résultats empiriques qui ne lui apprenaient rien de nouveau. Sa réflexion se portait plutôt sur la grande question philosophique : comment expliquer que l'on soit retombé dans une telle barbarie, au mépris de penseurs tels que Rousseau, Voltaire, Montesquieu, Leibniz, Kant, Hume, Locke et autres figures des Lumières ?

Son interprétation de cette évolution marque le point de départ de la Théorie critique et la guidera dans tout son parcours. Les Lumières et la science moderne ont en effet libéré l'homme de la superstition, mais elles y ont substitué une conception purement instrumentale du monde pour le moins aussi funeste. En effet, comme la recherche et la science mettent uniquement l'accent sur l'application immédiate, purement technocratique, cette conception instrumentale du monde risque de chavirer de nouveau dans l'irrationalisme :

> La Raison se comporte à l'égard des choses comme le dictateur à l'égard des hommes : il les connaît, dans la mesure où il peut les manipuler. L'homme de science connaît les choses dans la mesure où il sait les faire.[11]

La faisabilité, la science moderne en a fait sa priorité absolue. D'après Adorno, les scientifiques ne se bornent pas à analyser et à comprendre le monde et les choses de façon rationnelle, ils s'efforcent également de les contrôler. Chaque nouvelle acquisition de savoir sert de prétexte à remodeler, à subjuguer, à remanier la nature. Ainsi, de par son essence même, la science recèle un penchant dictatorial.

Par exemple, la théorie de l'évolution élaborée par le naturaliste Darwin représente à première vue une découverte qui respire indubitablement l'esprit des Lumières, puisqu'elle a permis à l'homme de se libérer du mythe de la création selon la Bible. Mais une application pernicieuse de cette découverte ne s'est pas fait attendre, la déplaçant dans une perspective de faisabilité. En avançant l'hypothèse de la sélection naturelle dans le règne animal, Darwin a créé, sans doute à son insu, le terreau permettant l'application de la sélection naturelle à l'évolution de l'homme.

Déjà un demi-siècle avant Hitler, le scientifique britannique Herbert Spencer avait transposé la doctrine de la sélection naturelle à l'espèce humaine, donnant ainsi naissance au darwinisme social. Auteur de l'expression « *survival of the fittest* », il réduit la lutte entre les peuples, les races et les nations à un processus naturel. D'un coup, la « sélection naturelle » de Darwin ne désigne plus le jeu mutation-sélection dans la nature, mais se voit introduite dans le monde de l'homme en tant que lutte délibérée entre les races, dans une visée de faisabilité. Durant le national-socialisme, toute une armée de chercheurs, professeurs, médecins et généticiens entreprennent des recherches dans les chaires de la « science raciale » nouvellement créées. Ils recueillent des données anatomiques, de la grosseur du crâne aux traits du visage, jusqu'à la taille du corps, la pigmentation de la peau et les capacités mentales. Le fruit de ces efforts, on ne le connaît que trop bien.

L'émergence de la folie raciste fait culbuter définitivement la rationalité originelle de la science dans un irrationalisme inhumain. Dans le sillage de l'hypothèse, initialement fondée en raison, de l'origine et de l'évolution des espèces par sélection naturelle de Darwin, le mythe irrationnel de l'Aryen s'élève progressivement sous le couvert de la science, l'Aryen aux gènes supérieurs qui s'imposera contre toutes les autres races :

[…] l'*Aufklärung* s'empêtre de plus en plus dans la mythologie.[12]

Adorno illustre cette dialectique du renversement de la science en mythe en utilisant l'exemple de la horde. À l'âge de pierre, les individus qui la composent se sentent liés les uns aux autres par des récits mythologiques et des symboles, tel qu'un animal totem commun auquel ils s'identifient tous.

De même, les membres d'une horde des temps modernes se sentent liés les uns aux autres par leur appartenance à la même espèce, ou communauté populaire aux gènes apparentés, comme la science le leur explique de façon rationnelle. Mais en fait, les différences sont minimes. Aussi les individus de la horde moderne succombent-ils, vers la fin de l'époque des Lumières, à une nouvelle superstition – la superstition scientifique. Ceci ne constitue pas un retour direct à la barbarie mais laisse percevoir une cohérence inhérente qu'il faut chercher dans la logique même de la pensée des Lumières :

La horde qui réapparaît dans l'organisation des Jeunesses hitlériennes n'est pas un retour à l'antique barbarie, mais le triomphe de l'égalité répressive,

L'appel à l'égalité, à l'épanouissement et à la fraternité, ces bonnes intentions des Lumières ont, d'après Adorno, frayé la voie au totalitarisme. Couplées aux théories prônées par les chaires de « science raciale », on pouvait très facilement en mésuser pour promouvoir l'uniformisation répressive de tous les citoyens. En effet, qui critiquait le régime se détournait de la horde, égalitaire par définition génétique, et devenait automatiquement un ennemi du peuple, coupable d'avoir voulu se placer à l'extérieur, voire même au-dessus de la communauté du peuple où règnent égalité et fraternité.

À l'origine, la pensée des Lumières visait à rejeter tout fondement naturel de la société et toute contrainte exercée par la nature, et à les remplacer par le pouvoir de la raison. Mais elle a fini par remplacer la contrainte d'ordre religieux et mythologique par une contrainte d'ordre pseudo-scientifique :

> Toute tentative ayant pour but de briser la contrainte exercée par la nature en brisant cette nature n'aboutit qu'à une soumission plus grande au joug de celle-ci. C'est ainsi que la civilisation européenne s'est égarée.[14]

Même après le fascisme et la Seconde Guerre mondiale, la science et la technologie n'ont pas vraiment libéré l'homme mais l'ont projeté dans un nouvel engrenage. Plusieurs experts, rappelle Adorno, prétendent que le capitalisme lui-même s'enracine dans la nature. Sous un éclairage scientifique, l'appât du gain et l'égoïsme deviennent des impulsions naturelles indispensables, sources de créativité, de croissance économique et du développement de nouvelles ressources. Des livres scientifiques, tel que le best-seller mondial *Le gène égoïste*, entendent démontrer que l'individualisme bourgeois de propriété, qui prévaut au niveau mondial, ne fait qu'obéir à la nature.

À quoi s'ajoute l'imposture du « voile technologique ». Comme la technologie pénètre notre monde de plus en plus, elle dissimule sa fonction originale de simple outil. Elle acquiert une vie propre.

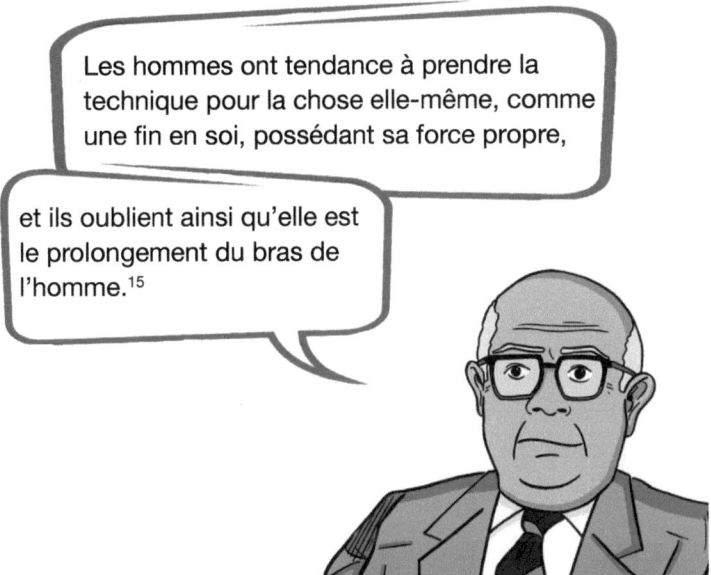

> Les hommes ont tendance à prendre la technique pour la chose elle-même, comme une fin en soi, possédant sa force propre,
>
> et ils oublient ainsi qu'elle est le prolongement du bras de l'homme.[15]

Les instruments techniques se transmuent en fétiches et véhiculent des fantasmes de toute-puissance :

> Et qui n'a pas eu au volant de sa voiture en sentant la puissance de son moteur la tentation d'écraser les bestioles sur la route, des passants, des enfants ou des cyclistes.[16]

Finalement, la pensée des Lumières s'est inversée en son contraire, emportant avec elle, dans ce mouvement d'inversion, tout le développement de la technologie. Au lieu d'affranchir l'homme, elle l'a piégé dans un nouvel assujettissement sinistre.

L'auto-répression par la raison à l'exemple d'Ulysse

À titre d'exemple de ce processus dialectique, Adorno évoque le héros antique Ulysse comme incarnation symbolique de la dialectique inhérente à la raison des Lumières en sa propre personne. Ulysse se distingue notamment par son intelligence et sa ruse. À la différence d'autres héros grecs comme Achille ou Hercule, confiants en leur force et courage, il se fie exclusivement à sa raison. Ainsi, pour la première fois, Ulysse incarne au milieu du monde mythique de l'Antiquité le type de l'homme moderne rationnel et s'avère être, déclare Adorno, le

[...] prototype de l'individu bourgeois [...].[17]

Ulysse rencontre le succès principalement grâce à sa raison et à sa maîtrise de soi exceptionnelle. Il résiste ainsi au chant tout aussi envoûtant et séduisant que mortifère des sirènes par un stratagème. Pour éviter que son navire ne s'écrase sur les rochers, il ordonne à son équipage de se boucher les oreilles avec de la cire et de l'attacher au mât de son navire. Donc, ni son équipage ni lui ne risquent de succomber à l'envoûtement du chant des sirènes et de naviguer trop près des dangereux écueils. Ulysse survit ainsi en réprimant son impulsion et en se faisant enchaîner.

De même, il ne peut échapper au géant borgne Polyphème, dont il crève le seul œil, qu'en se reniant au premier contact. Lorsque le géant lui demande quel est son nom, Ulysse répond : « Personne », réponse qui lui sauvera la vie plus tard. En effet, lorsque le géant perd son œil, il intime aux autres géants l'ordre de rechercher « personne » et de tuer « personne ». C'est ainsi qu'Ulysse s'en tire bien grâce à son auto-répression et à sa négation de soi :

En réalité, Ulysse, le sujet, renie sa propre identité [...]. Mais son affirmation

de soi est [...] comme dans toute civilisation, une négation de soi.[18]

Voilà le destin de l'homme moderne. La survie dans la société de masse exige de nous l'adaptation, l'auto-répression et la négation de soi. Ulysse nous en a donné un premier exemple :

L'homme rusé ne survit qu'au prix de son propre rêve, [...] en [...] se démystifiant soi-même. [...] il doit savoir attendre, être patient, renoncer, il ne doit pas goûter au lotus ni aux bœufs d'Hyperion.[19]

L'Odyssée d'Homère représente donc le « texte fondamental de la civilisation européenne »[20] selon Adorno et Horkheimer, et sa figure légendaire anticipe déjà le nouveau type d'homme :

L'ingénieux solitaire est déjà *l'homo oeconomicus* auquel ressemblent tous les hommes doués de raison [...].[21]

La philosophie du Marquis de Sade comme résultat des Lumières

La pensée des Lumières est prête à tout moment à verser dans son contraire : cette thèse fondamentale, Adorno et Horkheimer la voient confirmée dans la philosophie du Marquis de Sade.

Le Marquis de Sade (1740 -1814) : ce nom n'évoque généralement chez la plupart des gens que des pratiques sexuelles perverses. Or Sade n'a pas seulement prêté son nom au sadisme, il est aussi l'auteur de nombreux ouvrages et, de pair avec La

Mettrie et d'Holbach, l'un des représentants les plus importants du matérialisme français. Cette école de pensée se considérait comme le fer de lance des Lumières. Dans le sillage de la Révolution française, rejetant la religion taxée de superstition, ils défendaient une vision du monde strictement scientifique, mécaniste et matérialiste.

En vérité, selon les matérialistes français, les hommes ne sont pas des créatures de Dieu, ni non plus des êtres spirituels moraux, mais uniquement des organismes soumis aux lois de la nature, lois qu'il s'agit de mettre au jour.

Par exemple, La Mettrie décrit l'homme comme une machine, d'où le titre de son livre célèbre *L'homme machine*. Il n'est qu'un mouvement d'horlogerie qui fonctionne parfaitement : « Le corps humain », explique La Mettrie, « est une machine qui monte elle-même ses ressorts. »[22]

De même, d'Holbach, théoricien des Lumières qui a rédigé et remis à Diderot plus de quatre cents articles scientifiques destinés à l'Encyclopédie, considère que seuls les instincts dirigent les actions de l'homme : « L'homme est un être purement physique. [...] Ses actions visibles [...] sont également les effets naturels, des suites nécessaires de son mécanisme propre. Tout ce que nous faisons n'est [...] qu'une suite de ce que la nature universelle nous a faits. »[23]

D'un point de vue moral, les matérialistes français estiment que l'homme se doit d'obéir uniquement à ses impulsions naturelles, c'est-à-dire à son intérêt personnel en premier lieu. Opprimée pendant des millénaires par Dieu et l'esprit, la nature doit être enfin rétablie dans son droit. Est moral ce qui est naturel et conforme à la nature.

Le Marquis de Sade, le penseur le plus radical de ces matérialistes français, se veut la figure de proue des Lumières et pousse l'idée d'une vie conforme à la nature jusqu'à son ultime conséquence. En effet, argumente-t-il, nous sommes des êtres purement naturels qui, comme un mouvement d'horloge, obéissent à des ressorts secrets, donc nous devons en dernière analyse accepter l'agressivité et même la soif de meurtre comme des faits de la nature. Dans son œuvre principale *Histoire de Juliette, ou les prospérités du vice*, Sade explique que même le meurtre est consubstantiel à la nature : « Et d'où vient cette tendance impétueuse ? De la nature [...]. Le meurtre est une de ses lois. Chaque fois qu'elle en ressent le besoin, elle nous inspire cette inclination, et nous obéissons involontairement. »[24]

Sade a recours à une argumentation toute simple. Au bout du compte, tout l'humain réside dans une disposition naturelle ; la nature se réduisant en vérité à un phénomène dénué de valeur d'un point de vue scientifique, le meurtre n'est donc pas répréhensible puisqu'il s'agit d'un événement naturel. Juliette, la protagoniste du roman, critique d'abord dans son zèle éclairé le catholicisme, dépourvu de tout élément de preuve scientifique à son appui :

Juliette [...] démonise le catholicisme où elle voit la dernière-née des mythologies et démonise, de ce fait, la civilisation en général.[25]

Dans la suite du roman, Juliette commet des crimes en série, voire même des homicides, ce qu'elle commente par la remarque cynique que toute vie humaine connaît sa part de violence. Donc, une vie éclairée, libre et autonome, implique un « droit à tout » congénital qui n'exclut ni violence ni meurtre, en lieu et place du renoncement, de l'humilité et de l'amour du prochain privés de tout fondement scientifique.

Cette argumentation déployée par Juliette, Adorno et Horkheimer l'assimilent à la pernicieuse attitude de la science moderne qui se concentre uniquement sur les processus naturels observables à la manière positiviste, tels que les instincts et les crimes susceptibles de quantification dans le réel, et les présente comme des faits de la nature :

> Le crédo de Juliette est la science. [...] Elle opère avec la sémantique et la syntaxe comme le plus moderne des positivistes [...] en digne fille de la raison militante [...].[26]

Dans son appel provocateur « Français – encore un effort si vous voulez être républicains »[27], Sade exhorte les révolutionnaires et les républicains à apporter la touche finale à la revendication de la liberté individuelle formulée par les Lumières. Après avoir exproprié le clergé et décapité le roi, il ne manque aux Français que l'engagement en faveur de la liberté absolue de l'individu – et cela signifie pour Sade, l'engagement en faveur de la liberté du crime. Cohérent avec lui-même, il appelle de ses vœux l'établissement d'un État libertin et la tolérance éclairée à l'égard des associations au caractère débridé telles que la « Société des Amis du Crime ».[28]

D'après Adorno et Horkheimer, en revendiquant de façon radicale la « liberté du crime », Sade confirme le fait que, bien qu'elle se soit donné comme objectif de libérer l'homme de la religion de façon rationnelle et raisonnable, la raison des Lumières – de par son matérialisme et son rationalisme – est également menacée de s'inverser en son contraire, à savoir dans la servitude totale et le péril mortel face à la violence justifiée comme instinct naturel :

L'œuvre de Sade, comme celle de Nietzsche [...] transforme le principe scientifique en force de destruction.[29]

L'appropriation de l'individu par l'industrie culturelle

La dialectique de la raison issue des Lumières se montre en plein jour à une observation plus fine du monde culturel moderne et de l'industrie du divertissement. De nos jours, loin d'affranchir les hommes des contraintes irrationnelles et de façonner des individus à l'imagination fertile, la raison engendre un consommateur passif, avide de plaisir, au moyen des médias de masse. Émouvoir et faire réfléchir, cette mission originale de l'art se perd complètement. Toujours identiques, des schèmes narratifs monotones offrent des histoires prêtes à l'emploi, pétillantes de fun à haute dose. Tout comme le soldat qui, dans les tranchées de Verdun, se retrouvait jour après jour sous une pluie de projectiles et de balles dans un orage d'acier, l'homme moderne se voit bombardé par des promesses de divertissement et de plaisir :

L'amusement est un bain vivifiant que l'industrie du divertissement

> prescrit continuellement. Elle fait du rire l'instrument du trafic frauduleux du bonheur.[30]

Dépouillé de son caractère individuel, l'art dégénère ainsi en produit de masse, par exemple dans l'art cinématographique, dont la qualité n'est mesurée que par le nombre de spectateurs. Les auteurs de scénarios qui nagent à contre-courant, en termes de contenus et de thèmes, n'ont presqu'aucune chance de percer :

> Les cinéastes considèrent avec méfiance tout scénario derrière lequel il n'existe pas un bestseller rassurant.[31]

Dans le capitalisme, la production médiatique et artistique ne cherche donc qu'à maximaliser les profits. Mais ce faisant, elle forme les gens au goût des masses.

À la stupéfaction d'Adorno, nombreux sont les téléspectateurs qui se plaignent eux-mêmes des programmes médiocres, des histoires banales et répétitives de même acabit, respirant l'aventure et le bonheur qui sont absents de leur propre vie. Or cela n'empêche pas les masses d'allumer leur téléviseur soir après soir :

Les hommes, explique Adorno, cherchent en pleine conscience un refuge dans les films et les séries de fiction offerts par l'industrie du divertissement. Mais pourquoi se dupent-ils eux-mêmes au lieu de rechercher la vraie vie ? La réponse d'Adorno est, comme souvent, dégrisante :

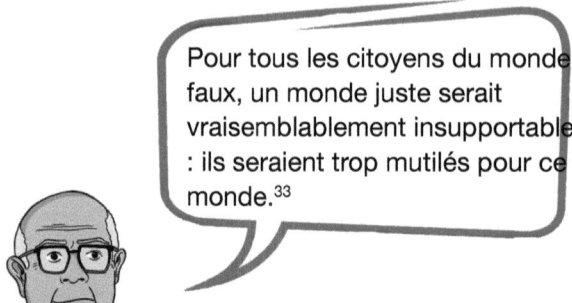

Pour tous les citoyens du monde faux, un monde juste serait vraisemblablement insupportable : ils seraient trop mutilés pour ce monde.[33]

Donc, d'après Adorno, comme nous ne nous sentons plus en état de vivre une vraie vie, nous nous abandonnons de façon effrénée aux plaisirs de la vie factice. Lui-même ne se donne que très peu de chances de parvenir à cette vraie vie. Un de ses livres, *Minima Moralia*, porte le sous-titre révélateur : *Réflexions sur la vie mutilée*.

La dialectique négative – Venir à bout du langage et se libérer de la dictature du concept

Adorno explore en outre un autre trait fondamental, mais néfaste, qui traverse l'histoire de l'humanité dans son ensemble : le langage. Depuis l'âge de pierre, l'homme donne des noms aux choses et aux êtres vivants, par exemple aux animaux selon leur apparence acoustique ou optique, tel que « coucou », « hibou » ou, s'ils se déplacent très lentement, « paresseux ». Mais cette attribution apparemment inoffensive de mots et de qualificatifs avec lesquels nous désignons petit à petit tout ce qui nous entoure, façonne notre pensée par effet de cumul et se métamorphose en « organe de domination »[34] pernicieux. De fait, les mots et les concepts dissimulent plus ou moins à notre insu une prétention de pouvoir et de domination :

> Semblable [...] à l'outil matériel [...] le concept est l'outil idéal qui permet de saisir toutes les choses par le bout où elles se laissent saisir.[35]

Les concepts sont donc des « outils idéels » avec lesquels nous emballons les choses, plaçant la nature en exergue devant nous et la couvrant d'étiquettes afin de pouvoir la dominer et la manier à notre aise. Ainsi les jardiniers qualifient les chenilles et les escargots d'« espèces nuisibles » afin de pouvoir les exterminer, condamnés par cette étiquette, au moyen d'un pesticide spécialement produit à cet effet. Le terme « espèces nuisibles » masque lui-même la prétention arbitraire de l'homme qui s'accapare le droit à une moisson absolument intacte. Or les canards sauvages et autres ornithorynques qui se nourrissent d'escargots y voient des « espèces utiles », de même l'écologiste qui se soucie d'une chaîne alimentaire intacte et de la diversité des espèces.

Les concepts, selon Adorno, ne reflètent pas vraiment la réalité objective et encore moins la vérité, mais toujours des intérêts subjectifs de domination.

« Subsumer sous le concept », cette tentative subjective délibérée ne rend donc pas justice à la nature intrinsèque des choses. Désigner un animal ou une plante par le concept collectif d'« espèces nuisibles » ou de « mauvaises herbes », c'est exprimer un intérêt de pouvoir qui livre les deux espèces à la destruction. On identifie la chenille et le pissenlit comme représentants d'un groupe à anéantir, à l'opposé de ce qu'ils sont en réalité :

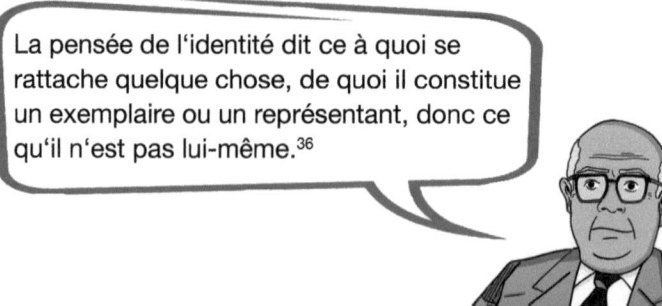

La pensée de l'identité dit ce à quoi se rattache quelque chose, de quoi il constitue un exemplaire ou un représentant, donc ce qu'il n'est pas lui-même.[36]

Ce faisant, nous plaquons brutalement des concepts sur le monde, qu'ils conviennent ou non. Mais comme les concepts et les mots font toujours violence à l'objet désigné, notre langage n'est rien d'autre qu'un organe de domination où s'accumulent des intérêts de pouvoir.

C'est ainsi que les puissants se sont toujours servis du langage et de qualificatifs dégradants pour manipuler les peuples. Ce ne sont pas uniquement les États totalitaires qui emploient des termes tels que « ennemi du peuple », « parasite du peuple » ou « ennemi de classe » dans le but délibéré de diaboliser certains groupes, mais aussi les démocraties, d'une façon peut-être un peu plus subtile. Par exemple, après deux défaites dans des guerres mondiales, on a éliminé de la terminologie allemande l'ancien « Ministère de la guerre » et « Ministère de l'armée du Reich » et, dans le contexte de la remilitarisation, on l'a rebaptisé « Ministère de la défense ». On avait même proposé le terme « Ministère de la paix ».

Le choix des termes devait empêcher d'associer le réarmement et la création d'une armée à quoi que ce soit qui rappellerait la guerre. En effet, après 1945, la majorité des Allemands en avaient assez des conflits et s'opposaient au réarmement de leur pays.

De tout temps, les politiques ont mis à profit de leurs propres fins le pouvoir des concepts. Par exemple, en réaction à la perte des élections au Parlement fédéral allemand en 1972, la CDU/CSU (parti de droite) a mis en place un groupe de travail linguistique dont la tâche consistait à intégrer à l'avenir dans le programme du parti les termes « liberté », « justice » et « solidarité » employés par le vainqueur de l'élection, la SPD (parti de gauche), afin de surpasser la SPD au niveau de l'argumentaire.

Quelques années plus tard, la CDU a effectivement mené une campagne électorale couronnée de succès en jouant à fond sur le slogan : « Liberté au lieu du socialisme ! » Le stratège du parti CDU, Alfred Dregger, a utilisé ces termes de façon très ciblée. Le slogan laissait entendre que le candidat social-démocrate à la chancellerie, Helmut Schmidt, entendait restaurer le « socialisme » et l'économie planifiée, et que, d'autre part, le candidat conservateur de la CDU, Helmut Kohl, se présentait comme l'avatar de la « liberté » et du « progrès » – et ce à rebours du fait que, dans l'histoire de l'Allemagne, les sociaux-démocrates avaient lutté depuis des siècles pour la liberté et le progrès. Dans certaines situations, on peut donc délibérément manier les gens à l'aide de concepts.

Cependant, Adorno déplace ce thème dans un autre

contexte, beaucoup plus vaste, où les concepts exercent un pouvoir encore plus étendu. En effet, ils encerclent notre pensée dans une enceinte scellée. Toute tentative de réflexion au-delà du langage nous fait rapidement réaliser à quel point nous sommes pris dans le boîtier d'acier des mots et des phrases. S'évader semble impossible. De ce fait, affirme Adorno, nous sommes et restons esclaves du langage et de ses concepts fallacieux.

En fin de compte, conclut Adorno de façon sinistre, s'ajoutant à la dialectique de la raison, au positivisme scientifique et au capitalisme, le langage lui-même constitue également un élément délétère du contexte d'aveuglement universel. Dès notre naissance, nous nous agitons dans un monde totalement manipulé qui se prolonge dans le langage :

Le tout est le non-vrai.[37]

Or, si le tout est effectivement le non-vrai et que nous sommes tous, comme le prétend Adorno, empêtrés dans un contexte d'aveuglement universel, ne se trouve-t-il pas lui aussi dans cette même situation ?

Mais alors comment a-t-il, lui qui se démène dans la vie factice, réussi à percer à jour cette manipulation omnipotente ? Adorno ne serait pas Adorno s'il n'avait pas également une réponse à cette question :

> Le moment corporel annonce à la connaissance que la souffrance ne doit pas être, que cela doit changer.[38]

C'est donc la souffrance qui alerte la raison manipulée du fait que quelque chose cloche, que quelque chose doit changer. Adorno explique ainsi que, en dépit de toutes les manipulations, nous demeurons à même d'éprouver comme factice l'état factice des choses, tout simplement parce que nous en souffrons. Mais comment peut-on, au-delà de la simple souffrance, reconnaître cet état et l'analyser comme factice ? À cet effet, Adorno propose la méthode dialectique de la Théorie critique :

> Pour ce faire, la dialectique à la fois reproduction du rapport d'aveuglement

universel et critique de celui-ci doit en un dernier mouvement se tourner contre elle-même.³⁹

Qu'est-ce que cela signifie concrètement ? Grâce à la pensée dialectique, dans un même élan, nous devons nous appréhender nous-mêmes à la fois comme expression du contexte d'aveuglement universel et comme sa critique, c'est-à-dire comme thèse et antithèse dans notre personne, ce qui n'est possible que si, dans un deuxième geste, nous utilisons notre propre pensée critique une fois de plus en la retournant contre elle-même. Concrètement, cela signifie qu'après avoir fait l'inventaire de tout ce que nous avons tenu pour réalité objective, il s'agit de diriger le doute contre nous-mêmes et d'admettre que tout ce que nous avons connu jusqu'à présent ne constitue peut-être qu'un mirage manipulé qu'il faut, une fois de plus, mettre à l'épreuve, pièce par pièce et dans son ensemble.

Adorno formule donc l'exigence d'une critique permanente de la pensée axée sur sa propre activité. C'est l'unique moyen dont nous disposons pour reconnaître comme fausse notre vie fausse. Il en fait sa mission personnelle : décrire le processus dialectique fondamental qui donne naissance à la construction subjective du monde, et démasquer par la critique cette même construction du monde :

> Depuis que l'auteur se fia à ses propres impulsions intellectuelles, il ressentit comme de son devoir de dissiper, avec la force du sujet, l'illusion d'une subjectivité constitutive.[40]

Mais comment puis-je déjouer ce leurre, cette construction subjective de la réalité, de façon concrète ? Adorno nous suggère de tenter, d'entrée de jeu, de modifier fondamentalement notre perception, c'est-à-dire notre méthode habituelle de parvenir à des connaissances. Il s'agit de se défaire, autant que faire se peut, de l'habitude d'épingler impitoyablement sur les choses des termes tels que « espèces nuisibles » ou « mauvaises herbes » pour mieux les dominer :

La pensée centrale d'Adorno

> Dans son travail, la connaissance est essentiellement destruction de son travail habituel, destruction de la violence qu'elle exerce envers l'objet.[41]

Adorno nous propose l'approche suivante :

> L'acte par lequel le sujet déchire le voile dont il enveloppe l'objet se rapproche de sa connaissance. Le sujet n'est capable de cet acte que lorsqu'il s'abandonne passivement et sans crainte à sa propre expérience.[42]

Or cette expérience passive qui capture la vérité des objets au-delà de tout concept et au-delà de toute prétention de pouvoir, il est difficile d'y accéder et encore plus difficile de la décrire. De même, explique Adorno, communiquer cette expérience de la vérité au-delà des concepts est loin d'être facile, mais néanmoins possible. Dans ce contexte, il critique le fait que, de nos jours, nous ne sommes prêts à accepter comme vrai que ce que l'on peut exprimer et communiquer. Au contraire, dit-il, il existe une vérité qui se dérobe à toute communication mais qui est présente malgré tout :

> Le critère du vrai n'est pas son immédiate communicabilité à tout un chacun. Ce à quoi il faut résister c'est à la contrainte presque universelle qui fait confondre la communication de ce qui est connu avec celui-ci et le cas échéant, la place plus haut [...]. La vérité est objective et non plausible.[43]

La vérité est objectivement possible, même lorsqu'elle ne peut être communiquée de manière plausible. Adorno en tire une conclusion radicale. C'est le destin et la mission proprement dite de la philosophie de produire des vérités qui échappent à la domination des concepts et se révèlent donc indicibles, sans référent :

> C'est pourquoi la philosophie est essentiellement irrésumable. Sinon, elle serait superflue : le fait que la plupart du temps elle se laisse résumer parle contre elle.[44]

À quoi nous sert la découverte d'Adorno aujourd'hui ?

La vérité au-delà de tous les mots – User de concepts pour déjouer les concepts ?

Nul doute, la critique que fait Adorno du langage et de la pensée arrimée au langage ouvre encore une fois une dimension nouvelle à la philosophie. En effet, déplore Adorno, ce ne sont pas uniquement l'économie capitaliste, l'administration technocratique et la science positiviste qui attestent la domination d'un état des choses délétère, mais également le langage lui-même. La tâche d'une philosophie critique se complique alors sérieusement. Deux questions cruciales se posent : y a-t-il une vérité au-delà des mots ? Et si oui : comment accéder à cette vérité qui se dérobe au concept et à la pensée verbale toute faite ?

De tout temps, avide de précision, la philosophie traditionnelle a conçu la vérité sous la tutelle du concept en la réduisant à son expression la plus pure.

Jusqu'à présent, aucun philosophe célèbre n'a publié pour œuvre principale un livre ne contenant que des pages vides. Or, la philosophie d'Adorno se veut Théorie critique qui se rebelle contre la prédominance du langage, elle doit donc à la fois se détacher de la pensée conceptuelle et ramener l'indicible à sa propre expression. En fait, Adorno exige bel et bien de s'atteler à cette tâche paradoxale :

Ce qu'Adorno contemple ici, c'est, tout d'abord, une contradiction. Dire l'indicible semble impossible. Et la philosophie ne peut se passer de mots et de phrases sous prétexte que les mots utilisés violentent le dit. Soit on se sert de mots, soit on se tait. Adorno est bien conscient de cette contradiction, mais il n'en démord pas :

> Ce serait une utopie de la connaissance que de vouloir mettre au jour le non-conceptuel au moyen de concepts sans l'assimiler à eux.[46]

Que veut-il dire en prétendant que, à l'aide des concepts, nous devons ouvrir le non-conceptuel sans l'assimiler au concept ? Nous ne pouvons faire autrement, dit-il, que de continuer à penser en concepts, mais nous devons nous abstenir de poser d'emblée des mots-étiquettes sur tout ce que nous reconnaissons et exprimons comme vrai, et nous restreindre plutôt à tourner autour et le paraphraser. C'est ainsi que nous abordons la vérité de façon « mimétique ».

La mimésis constitue un terme clé dans la *Dialectique négative* d'Adorno. Le mot « mimésis » vient du grec et signifie littéralement « imitation ». Adorno lui confère une signification anthropologique. En effet, déjà dans les sociétés primordiales, les indigènes tentaient de comprendre le monde et de le rendre hospitalier en recourant à la mimésis.

Par exemple, ils fabriquaient des « masques magiques » afin de décrire et d'illustrer de façon mimétique certains phénomènes naturels agréables qu'ils appelaient de leurs vœux, mais aussi d'autres, effrayants, qu'ils redoutaient. Ainsi, les masques d'animaux puissants devaient invoquer la fortune de chasse et la vitalité, les masques végétaux la fertilité, les masques mortuaires le chemin vers l'au-delà. En imitant les convoitises et les frayeurs, ils étaient en mesure de faire face à ces phénomènes et de gérer bien des choses qu'ils ne pouvaient ni comprendre ni expliquer.

Même aujourd'hui, l'art figuratif et plastique, la musique et la danse empruntent la forme mimétique pour représenter et exprimer ce qui nous émeut, et cela sans utiliser de mots, tout à fait détachés de la contrainte de réduire ce qui y est extériorisé à des concepts désenchanteurs. La musique et les images sont en mesure d'exprimer ce qui ne peut plus être traduit en concepts. En outre, la magie de l'art réside dans le fait que, dans ses messages, il se soustrait à toute rivalité avec la vérité scientifique :

En nous exhortant à dépasser la pensée conceptuelle sur la voie mimétique, Adorno nous incite à rechercher et à embrasser les expériences et les perceptions qui outrepassent la pensée strictement logique.

Restée inachevée en raison d'une crise cardiaque qu'il a subie à l'âge de 65 ans, sa *Théorie esthétique* devait lui permettre d'élaborer cette intuition. Il est étonnant qu'un brillant rhétoricien et un artiste du langage comme Adorno qui, tel un jongleur, se complaisait aux jeux de mots et aux pointes, ait aussi tenté vers la fin de sa vie d'aller au-delà de la pensée langagière.

Cette évolution s'explique sans doute par sa formation de compositeur et sa passion de mélomane. Pour lui, de toute façon, musique et philosophie ne forment qu'un tout inséparable. En outre, musique et philosophie se heurtent au même suprême défi, à savoir exprimer le flottant et l'inexprimable :

> Ce qu'elle a de flottant n'est rien d'autre que l'expression de l'inexprimable qu'elle comporte en elle-même. En ceci, elle est vraiment la sœur de la musique.[48]

Exprimer l'inexprimable, voilà donc le grand postulat dialectique d'Adorno. Chose certaine, il pousse la Théorie critique jusqu'à son extrême limite. Il critique le rationalisme des Lumières, le positivisme, les sciences naturelles, le capitalisme, l'industrie des biens culturels et, finalement, le langage lui-même en tant qu'organe de domination.

Or, au début des troubles étudiants, alors que des milliers de jeunes descendent dans la rue pour protester contre les structures autoritaires sclérosées, Adorno préfère se dédier à l'élaboration de sa Théorie esthétique. Certes, il compatit avec les étudiants qui se réclament directement de sa personne et de sa critique du capitalisme, mais il n'entend ni assumer le rôle de leadership qu'on veut lui confier, ni participer à une quelconque action ou manifestation. Dans une lettre à son collègue Herbert Marcuse, qui, contrairement à lui, soutient activement le mouvement de 68, Adorno exprime ses principales préoccupations :

> Je prends beaucoup plus au sérieux que toi le danger que le mouvement étudiant tombe dans le fascisme.

> Tu devrais regarder une seule fois dans les yeux glacés et maniaques ces étudiants qui sont capables de retourner leur fureur contre nous, tout en se réclamant de nous.[49]

En effet, la colère des étudiants se retourne contre Adorno lui-même. Quand il refuse de participer à l'agitation des étudiants, ses leçons sont perturbées par des actes de protestation tels que « l'attaque des seins ». Lors d'un cours, exhibant leurs poitrines dénudées, trois étudiantes montent sur l'estrade, lui jettent des pétales de fleurs et tentent de l'embrasser. Complètement déconcerté, il essaie d'abord de repousser les jeunes filles en brandissant sa mallette, puis quitte précipitamment l'amphithéâtre. On trouve écrit sur le tableau : « Si on laisse prévaloir ce bon Adorno, il gardera le capitalisme jusqu'à sa mort. » Une autre fois, on distribue des tracts incitant tout un chacun à l'action et à laisser Adorno seul dans son interprétation extatique de texte : « Laissons-le papoter, seul, devant une salle vide, jusqu'à ce qu'il meure d'ennui de son jargon (adornieren). »

Sans aucun doute, Adorno n'était pas un homme d'action. Pur théoricien, il prend ses distances de toute pratique révolutionnaire, ce qu'illustre un incident survenu au début de la révolte. Alors qu'il traverse une salle comble d'étudiants en plein débat, ceux-ci le remarquent et l'accueillent, dans l'expectative d'un dialogue, avec de forts applaudissements soutenus. Avec le port digne qui est le sien, Adorno se déplace lentement vers le microphone à travers la salle déchaînée, mais bifurque soudainement à droite peu avant d'y arriver et disparaît au département de philosophie.

Raison et science mènent-elles en vérité au totalitarisme ?

À quoi nous sert la Théorie critique d'Adorno aujourd'hui ? A-t-il raison ? Le rationalisme des Lumières, triomphant dans les sciences naturelles rationnelles et dans la technocratie moderne, a-t-il contribué à l'émergence du racisme du 20e siècle ? Et surtout : la raison instrumentale peut-elle se dévoyer aujourd'hui dans un nouvel irrationalisme ?

La thèse d'Adorno ne laisse planer aucune équivoque à cet égard :

> Des millions d'êtres humains innocents [...] ont été systématiquement assassinés. Aucun être vivant ne peut réduire ce crime à un épisode négligeable, un phénomène de surface, une aberration du cours de l'histoire que l'on pourrait ignorer au vu de la grande tendance du progrès, des Lumières, de la philanthropie croissante [...].[50]

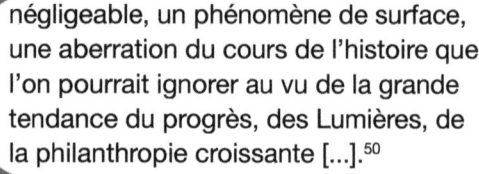

À quoi nous sert la découverte d'Adorno aujourd'hui ?

L'extermination planifiée d'êtres humains, loin de se réduire à un égarement temporaire du rationalisme des Lumières et de l'humanisme qui en aurait interrompu le progrès, doit être comprise de façon réaliste comme un élément constitutif de la civilisation moderne. De même, le meurtre d'un million d'Arméniens aux mains des Turcs pendant la première guerre mondiale ne constitue pas, selon Adorno, un lugubre événement fortuit mais prévisible ; il s'inscrit dans une nouvelle conception de l'identité ethnique. Nous nous devons d'étudier et de comprendre les vraies causes de la barbarie au 20e siècle, ce n'est qu'ainsi que nous serons en mesure de prévenir les génocides à l'avenir. Force nous est d'admettre que les réflexes idéologiques perdurent à ce jour :

L'idéologie ne vient pas se poser sur l'être social comme une couche qui en serait détachable, mais elle séjourne au plus intime de lui.[51]

À l'avenir, nous ne serons en état d'enrayer les mouvements racistes que si, sur le mode de l'autocritique, nous portons constamment notre attention sur notre propre caractère autoritaire. Cependant, comme le prévoit le pessimiste Adorno, la dialectique de la raison et l'idéologisation systématique par le capitalisme excluent pratiquement toute possibilité de s'évader radicalement de cette situation factice :

Il ne peut y avoir de vraie vie dans un monde qui ne l'est pas.[52]

Le philosophe marxiste Georg Lukács a vivement critiqué Adorno sur ce point. Abjurant l'optimisme des Lumières, affirme Lukács, Adorno s'est créé une zone de confort par son argumentation et s'y est retiré dans l'inactivité. Si l'on avance qu'en principe on ne peut plus échapper à la vie fausse, il est insensé, bien sûr, de vouloir lutter en faveur de changements sociaux. Selon Lukács, Adorno s'est donc installé dans le confortable « Grand Hôtel Abysse ».

Habermas le critique également. À son avis, Adorno et Horkheimer exagèrent en appuyant sur l'échec total du rationalisme des Lumières, et il soulève la question suivante : « Comment ces deux théoriciens des Lumières ont-ils pu sous-estimer le contenu rationnel de la modernité culturelle à tel point qu'ils ne perçoivent partout qu'une connivence entre raison et domination, entre pouvoir et validité ? »[53]

La critique de Lukács et de Habermas ne manque sans doute pas de justifications. Mais il n'en reste pas moins qu'Adorno, bousculant le rationalisme des Lumières, a contribué de façon significative à la compréhension du fascisme et du totalitarisme. L'effondrement de la vision mythique et religieuse du monde dans le sillage des Lumières a donné lieu à une croyance dangereuse en la science qui à tout moment peut sombrer dans un nouvel irrationalisme – cette thèse d'Adorno est sans aucun doute exacte. Comme Adorno, Nietzsche déjà avait observé que l'homme n'était pas en mesure, après la « mort de Dieu », de faire face au vide béant de valeurs. Pour remplacer Dieu, il adore sur-le-champ de nouvelles fausses idoles et prête foi aux explications pseudoscientifiques du monde telles que le socialisme, le nationalisme, l'antisémitisme, le capitalisme et autres promesses de salut scientistes. Le prolongement du darwinisme en racisme et en chauvinisme en est un autre exemple.

La race aryenne est supérieure à toutes les autres : cette hypothèse des professeurs de science raciale a connu de funestes suites. Adorno nous exhorte, surtout à l'heure actuelle, à scruter les théories scientifiques d'un œil critique et à opérer un discernement rigoureux entre celles qui s'appuient sur une démonstration rationnelle susceptible de profiter à la société, et celles qui se limitent à des promesses de salut nourries d'une idéologie nocive susceptible de culminer dans un irrationalisme barbare. C'est pourquoi Adorno est particulièrement sceptique vis-à-vis des naturalistes qui, à partir de la connaissance positive de certains faits naturels, s'avisent d'orienter l'agir de la société.

Le tout n'est pas falsifiable – Critique de Popper et du positivisme par Adorno

Dans les sciences naturelles et leurs méthodes, Adorno dénonce le manque d'autoréflexion et l'étroitesse de point de vue. Les naturalistes n'acceptent comme vrai que ce qu'ils découvrent dans une approche positive et factuelle, que ce qu'ils peuvent mesurer et reproduire empiriquement dans des expériences. D'emblée, ils perdent de vue toute autre vérité de nature plus complexe, inaccessible à la mesure.

Il est rare que les scientifiques daignent admettre que leurs travaux sont soumis à des pressions en termes de calculs de pouvoir, d'objectifs entrepreneuriaux et d'intérêts financiers. Seule la Théorie critique analyse et démasque ces intérêts sous-jacents. Inversement, depuis son point de vue, la science naturelle positive soupçonne la philosophie de n'être que spéculation infondée.

En 1961, dans le cadre d'une conférence organisée par la Société allemande de sociologie, le conflit qui couvait entre la Théorie critique et l'épistémologie scientifique a éclaté au grand jour. Les deux premiers intervenants, Popper et Adorno, se sont engagés dans un débat sur la méthode et la mission de la sociologie, la « querelle du positivisme » qui suscite encore aujourd'hui un grand intérêt.

Physicien, mathématicien et philosophe de formation, Karl Popper inaugure le congrès en présentant vingt-sept thèses sur la « logique des sciences sociales ». Son exposé fait l'effet d'une bombe. Pour la première fois, Popper appelle les sciences sociales à poursuivre leurs travaux en appliquant la méthode de recherche des sciences naturelles qu'il avait conçue.

Dans sa célèbre sixième thèse, Popper recommande aux spécialistes des sciences sociales de n'avancer à l'avenir, à l'instar des sciences naturelles, que des hypothèses singulières accessibles à une démonstration ou, inversement, à une falsification empirique à l'aide d'événements, de mesures et de faits concrets.

Une hypothèse démontrée comme fausse (ou « falsifiée » dans le langage de Popper) doit être abandonnée et remplacée par un meilleur modèle explicatif. Par exemple, l'hypothèse « tous les cygnes sont blancs » n'est valable que jusqu'au moment où l'on découvre le premier cygne noir, et se trouve par-là falsifiée. La science accumule ainsi constamment de nouveaux modèles explicatifs plus précis et atteint donc un niveau de connaissance toujours plus élevé.

Mais critiquer la totalité, l'entièreté de la société comme le fait Adorno, et avancer que le capitalisme influence la vie des gens dans son ensemble de façon négative, est tout à fait inadmissible et non scientifique. En effet, il est impossible de mesurer, critiquer, vérifier ou falsifier l'hypothèse selon laquelle l'abolition du capitalisme faciliterait la coexistence humaine. Or, « lorsqu'un essai de solution n'est pas accessible à la critique factuelle », dit Popper, « elle est éliminée du même coup comme non-scientifique. »⁵⁴ Ainsi, selon Popper, la Théorie critique se révèle dans son approche, d'entrée de jeu, dépourvue de fondement scientifique.

Dans son contre-exposé présenté immédiatement après la conférence de Popper, Adorno critique ce dernier dans les termes les plus acerbes. Popper trahit, dit-il, la mission fondamentale de la sociologie en limitant la recherche sociologique à de petits secteurs et à des faits ouverts à une vérification empirique :

> [...] Si ses concepts veulent prétendre à la vérité, la sociologie critique se doit en même temps – comme son projet idéel l'indique – d'être critique de la société [...].⁵⁵

La tâche réelle de la sociologie consiste précisément, selon Adorno, à étudier la société dans son ensemble et à analyser le contexte structurel, à savoir le capitalisme, qui sous-tend toutes les parties individuelles et exerce une influence énorme sur notre vie individuelle et sociale. Par exemple, il est insensé d'explorer la famille, les autorités, les pairs et les médias de façon isolée uniquement, sans critiquer la forme de la société qui les fait ce qu'ils sont en tant qu'« institutions sociales ». Popper exhorte la sociologie à se concentrer sur des aspects individuels falsifiables, mais ne pourrait donc jamais en reconnaître la cause elle-même, et encore moins en modifier la situation.

En outre, tous les faits que Popper entend collecter de façon empirique et positive sont toujours d'emblée manipulés et distordus par la réalité sociale. Il est donc d'autant plus important d'examiner tous les objets d'investigation à la lumière du « faux tout », ce que seule la Théorie critique peut accomplir. Aussi les sciences naturelles s'enfoncent-elles sans critique dans leur propre monde conceptuel :

La cécité et le mutisme des données auxquelles le positivisme a réduit le monde

« investit même le langage qui se limite à l'enregistrement de ces données.⁵⁶ »

Conclusion : la pensée positiviste et expérimentale des sciences naturelles ne peut et ne doit être transposée aux sciences sociales ni à la philosophie qui, elle, se caractérise précisément par cet effort de dépasser les sciences naturelles :

« La pensée représente ce qui n'est pas conceptuel, n'est pas ce qui élabore et organise [...]. Dans cette mesure, la philosophie a une certaine affinité avec l'art [...].⁵⁷ »

Une vraie vie dans un monde qui ne l'est pas ?

Est-il possible d'échapper au « contexte d'aveuglement » universel ? Voilà la grande question que suscite chez tout lecteur l'œuvre d'Adorno. Sommes-nous en vérité des prisonniers irrévocablement manipulés dans une vie fausse ou y a-t-il encore une chance de percer à jour l'état des choses factice et de lui échapper ? Et si ce n'est pas le cas, à quoi donc nous sert toute la philosophie d'Adorno ?

Quel sens peut encore revêtir pour nous la Théorie critique si nous sommes condamnés à mener une vie fausse, aussi critiquée qu'elle soit ? Cette question, on l'a adressée à plusieurs reprises à Adorno. Il se retrouve dans un dilemme : l'interaction de ses deux idées fondamentales radicales — « Le tout est le non-vrai » et « Il n'y a pas de vraie vie dans la vie fausse » — jette le doute sur son propre projet émancipateur. Il le savait, bien sûr, et il a évoqué le problème lui-même. Dès le début d'une leçon sur les *Problèmes de philosophie morale* à l'Université de Francfort, il déclare à ses étudiants :

À quoi nous sert la découverte d'Adorno aujourd'hui ?

Si vous assistez à un cours de philosophie morale tenu par quelqu'un qui a écrit un livre sur la vraie vie ou plutôt sur la fausse vie, alors il est très naturel de supposer que [...] vous vous attendez à en apprendre davantage sur la vraie vie.[58]

En fait, Adorno s'est ingénié à minimiser le paradoxe. Bien entendu, de nos jours, on ne peut plus en toute bonne conscience proposer d'idéal pour l'individu et pour la société. Optimistes à outrance, Hegel et Marx poussent la ferveur trop loin en interprétant l'histoire de l'humanité comme, respectivement, le développement vers la réconciliation de l'esprit du monde à un niveau supérieur, et vers la société sans classes. Après Auschwitz, prédire un tel développement dialectique continu vers un objectif final, vers la vie bonne et vraie, est hors de question.

De même, la « vraie vie » de l'individu ne se laisse pas engluer dans un schéma étriqué. En revanche,

Adorno recommande deux pratiques qui peuvent véritablement nous permettre de rehausser notre vie personnelle et de, jusqu'à un certain point, faire face à la duplicité de l'état de choses. La première pratique consiste à cultiver la « vie comme si » :

> On devrait, autant que faire se peut, vivre [...] comme on croit devoir vivre dans un monde libéré [...] avec tous les conflits et les inévitables contradictions que cela implique, tenter d'anticiper la forme d'existence qui serait en fait la forme correcte.[59]

Ici, Adorno recommande donc d'« anticiper la forme d'existence » qui « serait en fait correcte » et de vivre aujourd'hui comme on le voudrait dans un monde futur libéré.

Mais qu'est-ce que cela veut dire concrètement, vivre aujourd'hui comme si sa propre utopie s'était déjà réalisée ? Par exemple, si je rêve d'un monde sans économie monétaire, je devrais vivre sans argent dès aujourd'hui et pratiquer le troc de produits alimentaires ou les dérober sur les étagères. « La vie comme si » d'Adorno pourrait aussi signifier qu'en tant que végétalien, je m'imagine que les droits des animaux, en particulier l'inviolabilité de la vie, se sont déjà réalisés, ce qui me permet de taxer de meurtriers les bouchers et les carnivores. De même, à l'instar d'Adorno, on pourrait s'autoriser à anticiper la libération libidineuse de la société et à cultiver ouvertement des relations amoureuses avec des étudiantes, des mannequins et d'autres femmes, en plus de son épouse.

Jusqu'ici, on suit à peu près. En revanche, la situation se complique si un individu ou un groupe se met en tête que, aujourd'hui déjà, la redistribution du capital est chose décidée. De tels projets visionnaires trouvent certes des modèles historiques tels que Robin des Bois et ses hors-la-loi, qui ont agi comme si la redistribution du capital des riches aux pauvres était légale. Mais il va de soi que « la vie comme si » qu'Adorno préconise aboutit tôt ou tard à des conflits. Et le penseur en est bien conscient :

Cette entreprise est nécessairement vouée à l'échec et à la

> contradiction, mais il ne reste rien d'autre que de subir cette contradiction jusqu'au bout. La forme la plus importante que cela revêt aujourd'hui est la résistance. […].[60]

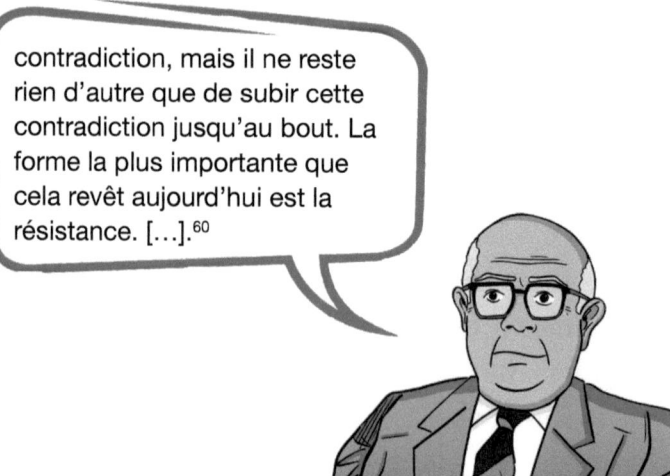

De prime abord, d'après Adorno, la vraie vie, dans un monde qui ne l'est pas, s'obtient donc en s'acharnant à réaliser sa propre utopie contre toute résistance. L'individu est intimé de vivre « comme il croit devoir vivre dans un monde libéré ». De plus, il donne un second, prudent conseil :

> La seule chose que l'on puisse dire peut-être, est que la vraie vie aujourd'hui consiste dans la forme de résistance aux […] formes […] démasquées de vie fausse.[61]

À quoi nous sert la découverte d'Adorno aujourd'hui ?

Se dresser contre les « formes démasquées de vie fausse », dit-il, constitue un pas vers la vraie vie. Dans certaines circonstances, il s'avère nécessaire de changer de cap, même sans disposer d'une conception concrète de la vraie vie. En dialecticien, Adorno évoque ici la « négation déterminée » :

> En tout cas, l'utopie s'insère [...] essentiellement dans la négation déterminée de ce qui est simplement, et cela par le fait qu'il se concrétise en quelque chose de faux, indiquant en même temps ce qui devrait être.[62]

Par exemple, il peut être raisonnable de se mobiliser contre l'énergie nucléaire, même sans être en mesure de proposer des alternatives pour la production d'énergie : la résistance trouve en effet sa justification dans le danger que, en l'absence d'une gestion satisfaisante des déchets nucléaires, l'humanité demeure exposée aux radiations pendant des siècles. Et en cas de succès d'une telle mobilisation, il est impératif de procéder à la seconde étape et de se lancer à la recherche de sources alternatives d'énergie.

Dans la vie privée également, il peut être judicieux de se livrer à la « négation déterminée » même sans disposer d'une alternative concrète. S'il s'agit d'un emploi, d'une relation de travail ou d'une relation affective qui devient insupportable, il faut y mettre fin, même sans pouvoir encore envisager une formule de remplacement. C'est la devise des musiciens de Brème : « Partout, tu trouveras mieux que la mort ». Si Adorno a raison, la négation directe, par son seul pouvoir, modifie la situation et ouvre à de nouvelles possibilités.

La force de la pensée négative – Négation qui ne se transforme pas en position !

C'est ici que surgit à nouveau dans toute sa clarté l'idée centrale de la *Dialectique négative*. Nous pouvons et devons nous pénétrer de négation sans transformer celle-ci en position :

Il s'agit de l'ébauche d'une philosophie qui ne présuppose pas le concept

> de l'identité de l'être et la pensée et qui n'y trouve pas non plus sa finalité, mais qui entend formuler exactement le contraire, à savoir la disparité entre concept et chose, entre sujet et objet, et leur inconciliabilité.[63]

La Théorie critique est donc une philosophie qui « n'aboutit pas au concept d'identité », c'est-à-dire à une vision optimiste qui culminerait dans l'unité et l'identité à soi. Contrairement à Platon, par exemple, qui nous enjoint de nous assimiler à l'idée du Bien, du Vrai et du Beau, ou contrairement à Hegel qui prédit une réconciliation finale et absolue de l'individu et de la société, de l'esprit et de la matière, et contrairement à Marx, dont la philosophie de l'histoire aboutit à l'unité de la société sans classes, Adorno veut précisément le contraire, se loger dans l'inconciliabilité. Sa philosophie se condense en ceci :

Adorno nous engage – et nous touchons là au cœur de sa philosophie – à embrasser la non-identité et à nous abandonner au non-identique. Tâche difficile, car normalement l'homme aspire à la réconciliation et à l'identité.

Par exemple, le terme « identité du moi » suggère que nous pouvons et devons nous réconcilier avec nous-mêmes et forger une unité harmonieuse, une « identité à soi ». Tout écart entre l'image idéale et la réalité est perçu comme une crise d'identité. Personnalité équilibrée ou identité du moi parachevée, l'identité du moi est l'image idéale que nous nous fabriquons de notre personnalité et qui correspondrait à ce que nous sommes vraiment, à ce que nous accomplissons vraiment et à ce que les autres nous reflètent. Mais d'après Adorno, cette identité, cet accord avec soi, n'est en aucun cas souhaitable, même s'il est à notre portée. Au contraire, envers nous-mêmes également et surtout, nous devons habiter la négation afin d'éviter de nous sentir à l'aise, de devenir complaisants et aveugles envers nous-mêmes et envers les problèmes qui nous entourent :

Il appartient à la détermination de la dialectique négative de ne pas se reposer en elle-même [...].65

Mais avant tout, le rapport de non-identité avec la société est de la plus haute importance. Le slogan fasciste « Un empire, un peuple, un leader » révèle symboliquement le péril de l'identité et de l'identification totale avec le système, et l'abandon qui s'y rattache de l'individu au « faux tout ». Seulement si nous réussissons à maintenir notre non-identité par rapport à la totalité de la société quelle que soit sa forme, seulement si nous restons en mode négatif et constamment critiques à l'égard de notre appropriation par l'industrie culturelle, par l'économie et par leurs agissements, pouvons-nous éviter que les systèmes totalitaires soient restaurés à l'avenir.

> La tâche, presque insoluble, à laquelle on se trouve confronté consiste à ne pas se laisser abêtir ni par le pouvoir des autres ni par sa propre impuissance.[66]

La force de la pensée négative ne doit pas être sous-estimée. Plus que tout autre, Adorno nous a donné la preuve de sa force et nous invite à y rester fidèles. Lui-même était un maître de la critique et peut-être le plus grand et le plus constant pessimiste culturel qu'il y ait jamais eu. Car malgré toute l'aliénation et toutes les appropriations de notre individualité par le « faux tout », la critique, instrument de libération permanente, demeure à notre disposition.

Nous ne pouvons pas nous défaire du tout, mais nous pouvons maintenir notre ouverture à la non-identité – notre ouverture à ce qui demeure irréductible au tout, à ce qui n'est pas conceptuellement compréhensible,

À quoi nous sert la découverte d'Adorno aujourd'hui ?

à ce qui, précisément pour cette raison, appartient à notre existence d'être humain. Même dans un monde manipulé, il existe encore un potentiel de liberté et d'épanouissement – dans la résistance à ce qui est reconnu comme faux et dans la pensée critique elle-même :

Ce qui a été pensé une fois peut être supprimé, oublié, emporté par le vent. Mais il ne se laisse pas dérober la conviction qu'une partie survivra.[67]

Index des citations

1. Adorno, T. W., Dialectique négative, Paris, Éditions Payot, 2003, tr. fr. Collège de Philosophie, p. 387. Ci-après : Dialectique négative.
2. Adorno, T. W., Modèles critiques, Paris, Éditions Payot, 2002, p. 248. Ci-après : Modèles critiques.
3. Adorno, T. W., Minima Moralia, Réflexions sur la vie mutilée, Paris, Éditions Payot, 2002, tr. fr. E. Kaufholz et J.R. Ladmiral, p. 64. Ci-après : Minima Moralia.
4. Le terme allemand "Aufklärung" désigne la "philosophie des Lumières". Il est employé ici au sens plus large de toute « pensée en progrès » (NDT).
5. Adorno, T. W., La dialectique de la raison, Paris, Éditions Gallimard, coll. Tel, 1974, tr. fr. E. Kaufholz, p. 21. Ci-après : Dialectique de la raison.
6. Dialectique de la raison, p. 27.
7. Minima moralia, p. 64.
8. Adorno, T. W., Soziologische Schriften I, Gesammelte Schriften Band 8, Suhrkamp Verlag, Frankfurt am Main 1979, p. 369. Citation traduite par le traducteur.
9. Minima moralia, p. 48.
10. Modèles critiques, p. 235.
11. Dialectique de la raison, p. 27.
12. Dialectique de la raison, p. 29.
13. Ibid., p. 30.
14. Ibid., p. 30.
15. Modèles critiques, p. 215.
16. Minima moralia, p. 48.
17. Dialectique de la raison, p. 58.
18. Ibid., p. 80.
19. Ibid., p. 71.
20. Ibid., p. 60.
21. Ibid., p. 74.
22. La Mettrie, L'homme machine, Leyde, 1748, p. 19.
23. Baron d'Holbach, Système de la nature ou des lois du monde physique et du monde moral, Londres, 1770, p. 11.
24. Sade, Marquis de, La nouvelle Justine, suivie de l'Histoire de Juliette, sa sœur. Hollande, 1797, Tome V, p. 1072. Ci-après : Juliette.

25 Dialectique de la raison, p. 104.
26 Ibid., p. 106.
27 Sade, Marquis de, La philosophie dans le boudoir, Londres, 1795, p. 201.
28 Juliette, p. 582.
29 Dialectique de la raison, p. 104.
30 Ibid., p. 149.
31 Ibid., p. 143.
32 Ibid., p. 142.
33 Dialectique négative, p. 427.
34 Dialectique de la raison, pp.125-126.
35 Ibid., pp. 54-45.
36 Dialectique négative, p. 122.
37 Minima moralia, p. 64.
38 Dialectique négative, pp. 160-161.
39 Dialectique négative, p. 489.
40 Dialectique négative, p. 8.
41 Modèles critiques, p. 267.
42 Ibid.
43 Dialectique négative, p. 57.
44 Dialectique négative, p. 48.
45 Adorno, T. W., Terminologie philosophique, Paris, Éditions Klincksieck, 2022, tr. fr. Marc de Launay, p. 85. Ci-après: Terminologie Philosophique.
46 Dialectique négative, p. 19.
47 Minima moralia, p. 298.
48 Dialectique négative, p. 138.
49 Adorno, T. W., Brief an Herbert Marcuse, zitiert nach Wolfgang Kraushaar (Hrsg.), Frankfurter Schule und Studentenbewegung, Von der Flaschenpost zum Molotowcocktail 1946 bis 1995, Rogner & Bernhard Zweitausendeins Verlag, Hamburg 1998, Bd. 2, p. 652. Citation traduite par le traducteur.
50 Erziehung nach Auschwitz, p. 89. Citation traduite par le traducteur.
51 Dialectique négative, p. 430.
52 Minima moralia, p. 48.
53 Habermas, J., Der philosophische Diskurs der Moderne, Zwölf Vorlesungen, Suhrkamp Verlag, Frankfurt am Main 1988, p. 146. Citation traduite par le traducteur.

54 Adorno, T. W., et Popper, K., in De Vienne à Francfort : La querelle allemande des sciences sociales, Bruxelles, Éditions Complexe, 1979, p.77. Ci-après : Querelle.
55 Querelle, p. 99.
56 Dialectique de la raison, p. 173.
57 Terminologie philosophique, p. 90.
58 Adorno, T. W., Probleme der Moralphilosophie, Vorlesung aus dem Sommersemester 1963, Vorlesungen Band 10, hrsg. von Thomas Schröder, Suhrkamp Taschenbuch Verlag, Frankfurt am Main 2010, S. 9. Ci-après: Probleme der Moralphilosophie. Citation traduite par le traducteur.
59 Adorno, T. W., Probleme der Moralphilosophie, Vorlesung aus dem Wintersemester 1956/57, Vorlesung Typoskript vom 28. Februar 1957, einzusehen im Adorno Archiv Frankfurt, zitiert nach Gerhard Schweppenhäuser, Ethik nach Auschwitz. Adornos negative Moralphilosophie, Argument Verlag, Hamburg 1993, S. 192. Citation traduite par le traducteur.
60 Ibid.
61 Probleme der Moralphilosophie, p. 248. Citation traduite par le traducteur.
62 Adorno, T. W., in Gespräche mit Ernst Bloch, hrsg. von Rainer Traub und Harald Wieser, Suhrkamp Verlag, Frankfurt am Main 1975, p. 70. Citation traduite par le traducteur.
63 Adorno, T. W., Vorlesung über Negative Dialektik, Nachgelassene Schriften, Abteilung IV: Vorlesungen, Band 16, hrsg. von Rolf Tiedemann, Suhrkamp Verlag, Frankfurt 2003, 15 f. Citation traduite par le traducteur.
64 Dialectique négative, p. 490.
65 Ibid.
66 Minima moralia, p. 74.
67 Adorno, T. W., Kulturkritik und Gesellschaft, 2 Bände, Suhrkamp Verlag, Frankfurt am Main 2003, Band 2, p. 798. Citation traduite par le traducteur.

Walther Ziegler
Adorno en 60 minutes

Walther Ziegler
Arendt en 60 minutes

Walther Ziegler
Buddha en 60 minutes

Walther Ziegler
Camus en 60 minutes

Walther Ziegler
Confucius en 60 minutes

Walther Ziegler
Descartes en 60 minutes

Walther Ziegler
Epicure en 60 minutes

Walther Ziegler
Foucault en 60 minutes

Walther Ziegler
Freud en 60 minutes

Walther Ziegler
Habermas en 60 minutes

Walther Ziegler
Hegel en 60 minutes

Walther Ziegler
Heidegger en 60 minutes

Walther Ziegler
Hobbes en 60 minutes

Walther Ziegler
Kafka en 60 minutes

Walther Ziegler
Kant en 60 minutes

Walther Ziegler
Marx en 60 minutes

Walther Ziegler
Nietzsche en 60 minutes

Walther Ziegler
Platon en 60 minutes

Walther Ziegler
Popper en 60 minutes

Walther Ziegler
Rawls en 60 minutes

Walther Ziegler
Rousseau en 60 minutes

Walther Ziegler
Sartre en 60 minutes

Walther Ziegler
Schopenhauer en 60 minutes

Walther Ziegler
Smith en 60 minutes

Walther Ziegler
Wittgenstein en 60 minutes

AUTEUR:

Walther Ziegler est professeur d'université et docteur en philosophie. En tant que correspondant à l'étranger, reporter et directeur de l'information de la chaîne de télévision allemande ProSieben, il a produit des films sur tous les continents. Ses reportages ont été récompensés par plusieurs prix. En 2007, il a pris la direction de la « Medienakademie » à Munich, une Université des Sciences Appliquées et y forme depuis des cinéastes et des journalistes. Il est l'auteur de nombreux ouvrages philosophiques, qui ont été publiés en plusieurs langues dans le monde entier. En sa qualité de journaliste de longue date, il parvient à résumer la pensée complexe des grands philosophes de manière passionnante et accessible à tous.